AF336574

LA PAIX

PAR

LA GUERRE

PARIS

IMPRIMERIE BALITOUT, QUESTROY ET Ce

7, rue Baillif et rue de Valois, 18

TIMBRE IMPÉRIAL — SEINE — 5 cen.

LA PAIX

PAR

LA GUERRE

PARIS

E. DENTU, LIBRAIRE-ÉDITEUR

PALAIS-ROYAL, 17 ET 19, GALERIE D'ORLÉANS

1868

I.

Nous assistons, en ce moment, à un singulier spec-
tacle. L'idée d'une guerre inévitable et prochaine entre
la France et la Prusse s'est tellement emparée de tous
les esprits, qu'il n'est au pouvoir de personne de la
dissiper. Le gouvernement impérial n'a rien négligé
pour rassurer et pour calmer les esprits. L'Empereur,
à l'ouverture des sessions législatives de 1867 et de
1868, a solennellement protesté de ses intentions pacifiques. Le principal interprète de la pensée gouverne-
mentale devant les Chambres s'est exprimé dans le
même sens, toutes les fois que l'occasion lui en a été
fournie, soit dans les discussions publiques, soit dans
les délibérations des commissions. Tout récemment, un
autre ministre est venu joindre son témoignage, sur
ce point, à celui de M. le Ministre d'État. M. Baroche,
dans le discours de Rambouillet, a renouvelé, avec

plus d'énergie encore, les déclarations formulées par M. Rouher devant les grands corps de l'État. Enfin, nous n'avons pas besoin de rappeler les tendances nettement pacifiques de la circulaire adressée le 16 septembre 1866, à nos agents diplomatiques, par M. le marquis de La Valette, alors ministre intérimaire des affaires étrangères: circulaire qui a été le point de départ et comme la règle de la politique extérieure de la France depuis les événements de 1866.

Ce n'est pas seulement par des déclarations solennelles et réitérées que le gouvernement impérial a affirmé, depuis deux ans, sa résolution bien arrêtée de maintenir la paix tant qu'elle pourrait être honorablement maintenue. Ses actes ont été d'accord avec ses paroles; la conduite qu'il a tenue dans toutes les circonstances a prouvé la sincérité de son langage.

Au lendemain de Sadowa, l'Empereur a résisté aux conseils de ceux qui le poussaient à jeter immédiatement une armée sur le Rhin et à surprendre la Prusse, victorieuse, mais épuisée par sa victoire même.

Un mois après, lorsque le cabinet de Berlin s'est montré peu disposé à accueillir l'idée d'une rectification de frontières à notre profit, non-seulement nous n'avons pas insisté sur cette idée qui pourtant, si elle avait été acceptée, aurait peut-être dissipé bien des inquiétudes et prévenu bien des complications; mais il n'a pas dépendu de nous que les pourparlers qui venaient d'avoir lieu à ce sujet ne restassent secrets: tant nous voulions éviter de surexciter l'amour-propre national de la France et d'aggraver ainsi les difficultés d'une situation déjà fort délicate.

L'affaire du Luxembourg a fourni au gouvernement de l'Empereur une nouvelle occasion d'attester, par des actes plus encore que par des paroles, son esprit de modération et ses dispositions conciliantes. Nous n'avons pas seulement accepté l'arbitrage de l'Europe ; nous l'avons réclamé, et nous nous sommes inclinés devant les décisions de la conférence de Londres avec une bonne grâce que tout le monde n'a pas montrée au même degré.

Enfin, en dépit des lenteurs calculées et des obstacles de tout genre que la Prusse oppose à l'exécution de l'article 5 du Traité de Prague, relatif à la rétrocession du Schleswig septentrional au Danemarck, le cabinet des Tuileries s'est scrupuleusement abstenu, jusqu'à ce jour, de s'immiscer dans les négociations pendantes à ce sujet entre Berlin et Copenhague. Il a voulu laisser au gouvernement prussien le mérite d'exécuter spontanément ses engagements ; il a voulu, en même temps, ménager l'amour-propre national de la Prusse, comme il avait précédemment cherché à ménager celui de la France. La réserve que le gouvernement impérial a montrée, dans cette circonstance, mérite d'autant plus d'être remarquée, qu'elle est toute volontaire. Personne ne pourrait s'étonner de nous voir intervenir diplomatiquement dans la question dont il s'agit. Si la France n'a pas été partie contractante au traité de Prague, c'est elle qui a fait introduire dans les préliminaires de Nikolsbourg la clause relative au Schleswig septentrional, ainsi que M. le comte de Bismarck a eu la loyauté de le reconnaître en plein Parlement prussien. Elle aurait donc le droit de réclamer l'exécution de cette clause, et si elle ne l'a pas fait jusqu'ici, c'est sous l'empire d'un sentiment de modération qu'on peut trouver excessif, mais que personne à coup sûr ne songera à nier.

Dans un autre temps et dans d'autres circonstances, tant de témoignages irrécusables des dispositions pacifiques du gouvernement impérial auraient amplement suffi à rassurer l'opinion publique. Et pourtant l'opinion ne se rassure pas : c'est là un fait trop évident pour avoir besoin d'être démontré. Les craintes de guerre ne se dissipent un instant que pour reparaître bientôt. Le moindre incident, vrai ou faux, bien ou mal compris, fait renaître toutes les inquiétudes. D'où peut venir cette disposition des esprits? Pourquoi l'opinion publique semble-t-elle se complaire en quelque sorte dans ses craintes, en dépit de tous les efforts qu'on fait pour l'en tirer? Est-ce de sa part un pur caprice? Ou bien douterait-elle de la sincérité du gouvernement? Ni l'une ni l'autre de ces deux explications n'est admissible. Une nation comme la France ne cède pas, pour longtemps du moins, à un pur caprice; elle ne se laisse pas emporter par une sorte de vertige. Quant à la sincérité du gouvernement, les plus incrédules ne sauraient en douter, puisqu'elle est attestée, ainsi que nous l'avons montré, par des actes encore plus que par des paroles, et non pas seulement par des actes isolés, mais par toute une ligne de conduite suivie, depuis deux ans, avec une persévérance que rien, jusqu'à ce jour, n'a pu lasser. Si l'opinion ne parvient pas à se rassurer, la faute n'en est ni à elle ni au gouvernement, mais bien à la situation en présence de laquelle elle se trouve placée, situation qui lui paraît, avec raison, plus forte que les hommes, plus forte que les gouvernements, plus forte que les meilleures intentions et les dispositions les plus pacifiques.

Pour se rendre un compte exact de cette situation, qui explique et légitime les inquiétudes persistantes de l'opinion publique, il faut remonter à quelques années en arrière ; il faut remonter plus haut que le traité de Prague ou la bataille de Sadowa. Le malaise dont souffre l'Europe, en effet, ne date pas de 1866 : si depuis cette époque le mal s'est aggravé il vient de plus loin. Dès 1863 l'Empereur Napoléon le signalait en des termes qu'il n'est peut-être pas inutile de rappeler ici. Voici comment le chef de la nation française s'exprimait, le 5 novembre 1863, dans un discours prononcé à l'ouverture de la session législative :

« Le moment n'est-il pas venu de reconstruire sur de nouvelles bases l'édifice miné par le temps et détruit pièce à pièce par les révolutions ? N'est-il pas urgent de reconnaître par de nouvelles conventions ce qui s'est irrévocablement accompli, et d'accomplir d'un commun accord ce que réclame la paix du monde ?..... Les préjugés, les rancunes qui nous divisent n'ont-elles pas déjà trop duré ? La rivalité jalouse des grandes puissances empêchera-t-elle sans cesse les progrès de la civilisation ? *Entretiendrons-nous toujours de mutuelles défiances par des armements exagérés ?* Les ressources les plus précieuses doivent-elles indéfiniment s'épuiser dans une vaine ostentation de nos forces ? *Conserverons-nous éternellement un état qui n'est ni la paix avec sa sécurité, ni la guerre avec ses chances heureuses ?* Ayons le courage de substituer à un état maladif et précaire une situation stable et régulière, dût-elle coûter des sacrifices..... Deux voies sont ouvertes : l'une conduit au progrès par la conciliation et la paix ; *l'autre, tôt ou tard, mène fatalement à la guerre.* »

Les événements qui se sont accomplis depuis, n'ont donné que trop raison aux paroles que nous venons de citer. Mais ce n'est pas du passé que nous nous occupons en ce moment, c'est du présent et surtout de l'avenir. Or, nous le demandons à tous les hommes de bonne foi, l'état de choses dont l'Empereur signalait les dangers, s'est-il amélioré ou aggravé? La rivalité jalouse des grandes puissances s'est-elle apaisée? Les défiances mutuelles sont-elles tombées? Les armements exagérés ont-ils été ramenés à des proportions plus modestes ou bien ont-ils pris au contraire un développement de plus en plus excessif! Les cabinets européens ont-ils été assez heureux pour substituer, à un état de choses maladif et précaire, une situation stable et régulière? Des deux voies indiquées par l'Empereur, l'Europe a-t-elle pris celle qui conduit au progrès par la civilisation et par la paix, ou celle qui *tôt ou tard mène fatalement à la guerre?*

Poser de pareilles questions c'est y répondre. La situation que l'Empereur signalait dans le discours du trône de 1863 s'est évidemment aggravée en plus d'un point. A l'époque où ce discours a été prononcé, la question allemande n'avait pas encore été soulevée; la question des duchés ne faisait que surgir; la question polonaise était encore pendante. Depuis lors la question allemande est sortie de la question des duchés : elle a été soulevée, mais n'a point été résolue. La question polonaise a reçu de la Russie une solution provisoire, mais non pas la solution que réclamaient la justice et l'intérêt bien entendu de l'Europe.

Ne parlons pas, pour le moment, de la Pologne, sur laquelle nous aurons l'occasion de revenir tout à l'heure. Ne nous occupons que de l'Allemagne.

Quelque graves que soient les changements accomplis en Allemagne à la suite de la guerre de 1866, le gouvernement impérial les a, nous ne dirons pas acceptés, mais tolérés. Il n'a fait aucune objection aux projets de la Prusse, n'a apporté aucun obstacle à leur réalisation. Mais tout le monde conviendra qu'il est arrivé, sur ce point, à la dernière limite de ses concessions. La Prusse, de son côté, est-elle arrivée à la dernière limite de ses ambitions ? Aucun homme sensé n'osera répondre affirmativement à cette question. Aucun homme sensé ne croira que la Prusse veuille se contenter, à tout jamais, des avantages que lui a donnés le traité de Prague. Quand même elle le voudrait, d'ailleurs, comment le pourrait-elle ? La question allemande, ainsi que nous le disions plus haut, a été soulevée, mais n'a point été résolue. L'Allemagne est dans une situation anormale qui n'est ni la fédération ni l'unité. Cette situation ne saurait durer. Il faut que la Prusse avance ou qu'elle recule. Il faut qu'elle absorbe l'Allemagne tout entière ou bien qu'elle redevienne un État semblable à tous les autres États allemands. L'alternative est forcée : le dilemme est inévitable.

En présence de ce dilemme, quelle conduite tiendront les hommes d'État prussiens ? Celle que nous tiendrions nous-mêmes si nous étions à leur place. Soyons de bonne foi. Si nous étions pour quelque chose dans le gouvernement de la Prusse, entre compléter ou perdre les résultats obtenus par le traité de Prague, nous n'hésiterions pas. M. de Bismarck n'hésitera pas, on peut en être sûr : le passé à cet égard répond de l'avenir. La Prusse cherchera donc à sortir du traité de Prague; ou pour mieux dire elle en est déjà sortie. Elle en est sortie par les lenteurs qu'elle apporte à la rétrocession du Schleswig septentrional au Danemarck : lenteurs qui équivalent à un ajournement indéfini. Elle en est sortie par son immixtion dans les affaires des États de l'Allemagne du Sud, et en particulier dans leurs affaires militaires. On n'a pas oublié les incidents qui se sont récemment passés dans la Hesse-Darmstadt, dont la partie la plus considérable n'est pas comprise dans la Confédération du Nord. On n'a pas oublié que le ministre de la guerre du Grand-Duc, pour avoir voulu résister à la toute-puissante influence du cabinet de Berlin, a été obligé de donner sa démission, et que depuis cette époque la petite armée hessoise peut être considérée comme faisant partie de l'armée prussienne.

Le traité de Prague est donc dépassé; la ligne du Mein est franchie. En présence de ces empiétements, qui ne seront pas les derniers, le moment approche où le gouvernement impérial se verra forcé de rappeler la Prusse à l'observation des traités et de lui demander les garanties que la ligne de conduite suivie par cette puissance depuis deux ans a rendues nécessaires.

Ces garanties, quelles sont-elles? Il n'en est qu'une qui soit de nature à calmer les justes susceptibilités de la France et les inqutétudes de l'opinion publique.

C'est le désarmement : mais le désarmement réel et sérieux, et non pas seulement le renvoi dans leurs foyers de quelques hommes dont l'instruction militaire est terminée et qu'on rappellera sous les drapeaux en moins de huit jours, dès qu'on en aura besoin. Tout le monde connaît l'organisation militaire de la Prusse. Sans être aussi parfaite qu'on le prétend, elle permet du moins de mettre sur pied, presque instantanément, un effectif considérable. Ce n'est pas tout. Cette organisation a été étendue, l'année dernière, à tous les États de la Confédération du Nord. Ce n'est pas tout encore. Par suite de l'immixtion du cabinet de Berlin dans les États du Sud, ces derniers vont être amenés, eux aussi, à modeler leurs institutions militaires sur celles de la Prusse. Dès à présent il est établi, et le maréchal Niel l'a déclaré dans la commission du budget, que la France, même avec les sacrifices énormes qu'elle s'impose en ce moment, se trouvera à peine sur le pied de l'égalité avec la Prusse réunie aux autres États de la Confédération du Nord. Un pareil état de choses ne saurait se prolonger éternellement. Nous ignorons si la Prusse et les autres États allemands disposent de ressources suffisantes pour maintenir d'une manière permanente leurs armements sur le pied où ils se trouvent aujourd'hui. Mais, quant à la France, si riche qu'elle soit, et justement parce qu'elle est riche, elle ne saurait, sans un dommage considérable pour la fortune publique et privée, continuer indéfiniment des sacrifices qui, par leur nature même et leur importance, ont évidemment un caractère exceptionnel et temporaire. Le pays a accepté ces sacrifices ; il les a acceptés, parce qu'il a compris, malgré la réserve que le gouvernement était obligé de garder à cet égard, quelle en était la véritable cause. Il les a acceptés, dans l'espoir qu'ils cesseraient avec cette cause elle-même. Il y a à cet égard une sorte de contrat tacite entre le pays et le gouvernement. Le pays a fait son devoir : c'est au gouvernement maintenant à faire le sien, et il le fera.

Le jour où la question se posera dans les termes que nous venons d'indiquer, le jour où la Prusse aura à choisir entre le désarmement et la guerre, entre le respect rigoureux du traité de Prague et une nouvelle lutte destinée à décider définitivement du sort de l'Allemagne, quelle sera la réponse du cabinet de Berlin ? Nous souhaitons qu'elle soit pacifique ; mais, à vrai dire, nous ne l'espérons guère. Chaque fois que la France, depuis les événements de 1866, a demandé les plus légères concessions au cabinet de Berlin, celui-ci, pour les refuser, a invoqué les résistances opposées par le sentiment national de l'Allemagne ou pour mieux dire de la Prusse. Nous ne voulons pas supposer que l'argument employé dans ces diverses occasions par l'homme d'État qui dirige le cabinet de Berlin, fût dépourvu de sérieux et de sincérité. Si réellement le sentiment national de la Prusse s'est opposé à une rectification de frontières à notre profit du côté de la Sarre, ou à l'annexion du Luxembourg à l'empire français, le même sentiment national s'opposera à un désarmement sérieux, lorsque nous serons obligés de le demander. C'est donc à la guerre qu'il faut nous préparer; et, à parler franchement, si elle doit éclater tôt ou tard, il vaut mieux qu'elle éclate tout de suite. Cela vaut mieux, même pour les intérêts qui ont besoin de la paix. Car la paix, une paix définitive et féconde, ne sortira que de la guerre. La France et la Prusse sont, à l'heure qu'il est, dans la même situation que deux hommes entre lesquels une affaire d'honneur est engagée : tant qu'ils ne sont pas allés sur le terrain, toute réconciliation, toute relation est impossible entre eux; une fois le combat terminé, quel que soit le vainqueur, quel que soit le vaincu, ils peuvent honorablement et sincèrement se donner la main.

I

La guerre sera courte. Les longues guerres ne sont
plus de notre temps. Nous serons donc promptement
délivrés du cauchemar qui nous obsède depuis deux
ans. La guerre sera-t-elle heureuse? c'est là une de
ces questions auxquelles il est impossible de répondre
avec certitude. Mais ce que l'on peut affirmer, c'est
que les chances en notre faveur sont aujourd'hui plus
grandes qu'elles ne le seraient si nous attendions da-
vantage; c'est que la situation de l'Europe en général
et de l'Allemagne en particulier ne nous sera jamais
plus favorable qu'elle ne l'est en ce moment.

La situation de l'Europe est telle qu'aucune puissance n'a d'alliance assurée sur laquelle elle puisse
compter d'une manière absolue. Cependant nous re-

connaissons volontiers que la Prusse, selon toute pro-
babilité, obtiendra l'appui de la Russie. C'est une alliance qui lui coûtera peut-être un peu cher : mais
enfin elle l'aura. Il y a là un motif de plus pour nous
de souhaiter que les événements se précipitent. La
Russie, en effet, est moins prête aujourd'hui qu'elle ne
le sera dans un ou deux ans. Son réseau stratégique
de chemins de fer n'est pas terminé; la transformation
de son armement est à peine commencée.

L'Angleterre restera neutre. L'Autriche sera avec
nous si la Russie est avec la Prusse. Nous en dirons
autant de la Suède. Le Danemarck, qui se souvient du
passé, et la Hollande, qui craint pour l'avenir, ne
demandent qu'à voir arrêter l'ambition prussienne :
nous les aurons avec nous quand nous tenterons résolûment une semblable entreprise. L'Italie, et nous ne
saurions l'en blâmer, sera avec celui dont elle aura besoin : or, c'est de nous qu'elle a besoin, c'est nous qui
pouvons le plus pour ou contre elle; il dépendra donc
de nous d'avoir son alliance ou du moins sa neu-
tralité.

Mais nos meilleurs alliés sont en Allemagne. A ce
point de vue encore, les circonstances sont favorables;
le moment est précieux. L'Allemagne n'est plus ce
qu'elle était au lendemain de Sadowa; elle n'est pas
encore ce qu'elle serait plus tard si la domination
prussienne s'y établissait définitivement. Au lendemain de Sadowa, un grand nombre d'Allemands
avaient des illusions sur la nature des ambitions de la
Prusse et sur le rôle auquel aspirait cette puissance.
Les illusions ont disparu depuis; elles ne reparaî-

traient pas plus tard; mais la domination prussienne aurait accompli son œuvre; les résistances auraient été domptées : il serait trop tard pour affranchir l'Allemagne.

Affranchir l'Allemagne, tel serait en effet le véritable but de la guerre, tel serait le véritable résultat de notre victoire. Si nous avons pu hésiter jusqu'à présent à combattre l'œuvre d'unification entreprise par la Prusse, c'est qu'on nous présentait cette œuvre comme conforme aux vœux du peuple allemand. A cet égard l'expérience est faite. La volonté nationale s'est manifestée en effet, mais elle s'est manifestée dans un sens contraire aux espérances du cabinet de Berlin et de ses amis. Si l'on tient compte des moyens d'action dont disposait la Prusse et du prestige que lui avaient acquis ses victoires de 1866, les élections pour le Parlement douanier constituent pour cette puissance un véritable échec.

La Prusse a contre elle dans ce moment les catholiques et les démocrates : les premiers, alarmés de la prépondérance du protestantisme prussien, les seconds, éclairés sur le prétendu libéralisme de la politique prussienne. Mais surtout la Prusse a contre elle le génie même du peuple allemand, génie essentiellement opposé, non pas sans doute à l'unité nationale entendue dans un sens large et élevé, mais à cette centralisation étroite et oppressive qu'on veut aujourd'hui lui imposer sous le nom d'unité.

Tous ceux qui connaissent la nation allemande, tous ceux qui ont étudié son histoire savent qu'il n'existe peut-être pas de race qui ait, à un égal degré, l'instinct et le goût de la liberté sous toutes ses formes. Parmi les institutions modernes, celles qui ont un caractère libéral sont d'origine germanique; celles qui ont pour but d'organiser l'autorité sont d'origine romaine. L'Allemand n'a pas seulement, comme d'autres peuples, le goût de la liberté individuelle, il aime à former des groupes plus ou moins considérables et il veut la liberté pour ces groupes naturels tout aussi bien que pour les individus.

Aussi la race allemande n'a-t-elle pas eu, comme d'autres races, un seul centre de civilisation; elle ne s'est pas réunie en une seule tige. Elle a formé au contraire un grand nombre de rameaux qui se sont développés chacun de leur côté et à leur manière. Quelques-uns de ses rameaux ont même fini par se détacher complétement du tronc commun pour vivre d'une vie propre : l'Angleterre et la Hollande par exemple. Mais nous ne parlons ici que des rameaux qui sont restés attachés au vieux tronc germanique. Ceux-là sont nombreux et importants. La Souabe, la Bavière, la Basse-Saxe, c'est-à-dire le pays situé entre le Rhin et l'Elbe, la Haute-Saxe, etc., forment des groupes naturels parfaitement déterminés. En passant d'une région à l'autre, on sent bien qu'il y a quelque chose qui change et quelque chose qui ne change pas. Ce qui ne change pas, c'est le fond même de la nature allemande; ce qui change, c'est la forme spéciale de développement adoptée par chacune des branches de la grande famille germanique. On comprend alors que ce qu'il faut à une nation semblable, c'est l'unité dans la variété, l'unité sans la centralisation, l'unité fédérative en un mot.

On voit dans quelle erreur sont tombés ceux qui ont considéré la Prusse comme l'incarnation suprême de l'Allemagne, et le génie prussien comme l'expression la plus élevée du génie allemand. Autant le génie allemand est libre et spontané, autant le génie prussien est étroit et oppressif. Les Prussiens, au surplus, sont les derniers venus dans la famille allemande; ils sont plutôt germanisés que Germains. Depuis qu'ils font partie de l'Allemagne, ils y ont toujours représenté l'esprit de conquête et de centralisation, si opposé à l'esprit allemand, tel que nous venons de le dépeindre; ils ont toujours été presque aussi impopulaires que des étrangers, et, en effet, ils ne sont rien autre chose que des étrangers aux yeux des Saxons, des Souabes, des Bavarois et des autres Allemands de race pure.

Il faut tout dire, cependant. Il est telle éventualité en présence de laquelle l'Allemagne oublierait son antipathie pour la domination prussienne. Autant l'Allemand a peu de goût pour une unité centralisatrice, autant il a d'attachement pour son indépendance nationale. Si une puissance étrangère, si la France en particulier entreprenait contre l'Allemagne une guerre de conquêtes, si elle tentait de s'approprier un pouce du sol germanique, on verrait tous les Allemands se serrer autour du drapeau prussien. La Prusse retrouverait sa popularité éphémère de 1813.

Mais l'Allemagne n'a pas à craindre aujourd'hui un semblable danger. L'héritier de Napoléon Ier a fait un choix parmi les exemples du fondateur de la dynastie impériale. Napoléon Ier, il faut le reconnaître, n'a pas tenu assez de compte des répugnances nationales, lorsqu'il a placé des princes de sa famille sur des trônes nouveaux qu'il avait élevés. Ce n'était pas une erreur de créer un royaume d'Italie ou un royaume de Westphalie ; mais c'était une erreur que de ne pas établir dans ces royaumes des dynasties nationales ; c'était une erreur non moins grande que de faire de Rome et de Hambourg des chefs-lieux de départements français.

Napoléon III n'a jamais suivi, sur ce point, les exemples du chef de la famille impériale. Le caractère dominant de sa politique étrangère, c'est, au contraire, un respect absolu pour toutes les aspirations nationales. Il a pu être trompé, dans certains cas particuliers, sur les sentiments et sur les vœux de tel ou tel peuple. Mais il s'est toujours incliné devant ce qui lui a paru être la volonté nationale. A la suite de la guerre d'Italie, il a fermé l'oreille à toutes les suggestions qui lui ont été faites, soit pour la création d'un royaume d'Étrurie au profit d'un prince de sa famille, soit pour le rétablissement des descendants de Murat à Naples.

L'Empereur respectera donc l'indépendance de la nation allemande aussi scrupuleusement qu'il a respecté l'indépendance de la nation italienne. Dès le début de la guerre, il rassurera, sans aucun doute, les Allemands à cet égard par une déclaration solennelle, analogue au manifeste de Milan. Il établira nettement le caractère de cette guerre : guerre d'affranchissement, de justice, de désintéressement, et non pas guerre de conquête, de spoliation et d'oppression. Il se proclamera le défenseur de l'indépendance de l'Allemagne contre la domination prussienne, comme il a été autrefois le défenseur de l'indépendance de l'Italie contre la domination autrichienne.

III

La guerre terminée, ce sera à l'Allemagne qu'il appartiendra de se reconstituer elle-même. La France ne fera que protéger et assurer la libre manifestation des vœux populaires par la voie du suffrage universel. Pour la première fois, on verra le peuple allemand, rendu à lui-même, se prononcer librement sur sa propre organisation. Nul doute qu'il ne choisisse celle qui s'accorde le mieux avec son génie et avec son histoire. Chacun des groupes naturels entre lesquels la race allemande est partagée, reprendra son autonomie et cherchera dans son propre sein une dynastie nationale pour lui confier ses destinées.

La Bavière gardera naturellement sa dynastie. La maison régnante de Bade, ayant associé sa destinée à la domination prussienne, se verra repousser par l'Allemagne affranchie, et la Souabe tout entière se réunira en un seul état, sous la maison de Wurtemberg.

La Basse-Saxe reprendra sa dynastie nationale, à laquelle elle n'a jamais renoncé, la dynastie des Guelfes, l'une des plus anciennes de l'Europe, qui, dès le moyen-âge, luttait contre le despotisme et la centralisation, représentés alors par les Hohenstauffen, comme ils le sont aujourd'hui par les Hohenzollern. Elle formera un royaume de sept à huit millions d'habitants, destiné à jouer dans le nord de l'Allemagne le même rôle que la Bavière dans le sud. Pour constituer ce royaume, qui tiendra une place si utile dans l'équilibre allemand, il suffira de rendre le Hanovre à ses souverains légitimes, et d'y joindre la Westphalie jusqu'au Rhin et le duché d'Oldenbourg. Le duché de Brunswick s'y réunira naturellement un jour par suite de l'extinction de la branche ducale des Guelfes.

Les duchés de Saxe demanderont eux-mêmes à être réunis à la Saxe royale. La Prusse sera rejetée au-delà de l'Elbe. Il est à souhaiter toutefois qu'on n'abuse pas contre elle de la victoire, comme on l'a fait après Iéna. Il n'est jamais bon de pousser au désespoir un peuple courageux. Il faut que la Prusse reste un royaume compact et bien délimité. Il faut qu'elle garde la place de Magdebourg pour pouvoir défendre le cours de l'Elbe. Il faut qu'on lui laisse tout le territoire situé sur la rive gauche de l'Elbe, y compris les duchés de Mecklembourg, que la nature a faits pour

être absorbés par elle et dont la possession complètera
sa ligne de côtes sur la mer Baltique.

Francfort, rendue à elle-même, reprendrait son
gouvernement républicain, auquel elle a dû tant
d'éclat et de prospérité. En redevenant ville libre,
elle redeviendrait la capitale fédérale de l'Allemagne :
rôle auquel elle est bien mieux destinée que Berlin, par
sa situation géographique autant que par les souve-
nirs de son passé. La Confédération nouvelle aurait
un caractère défensif, au lieu du caractère agressif
que la Prusse a donné à la Confédération du Nord.
Avec une semblable organisation l'Allemagne jouirait
de tous les bienfaits de l'unité nationale, sans avoir
les inconvénients de la centralisation. Elle serait pro-
tégée contre toute attaque venant du dehors, sans
devenir, d'un autre côté, un danger pour les autres
États de l'Europe. Enfin elle se développerait suivant
la loi de son histoire et les tendances de son génie
national.

Nous avons supposé que la Prusse aurait la Russie
pour alliée. Loin de craindre une semblable éventualité, nous la souhaitons ; car elle nous donne la
possibilité de résoudre tout à la fois la question allemande et la question polonaise. Les deux véritables
ennemis de la Pologne sont la Russie et la Prusse.
L'Autriche, on ne l'ignore pas, avait répugné au par-
tage. Aujourd'hui, après avoir suivi pendant quelque
temps d'autres errements, elle respecte et favorise,
même, dans une certaine mesure, les aspirations nationales de la Gallicie. Ce n'est pas elle, croyons-
nous, qui mettrait obstacle à la reconstitution du

royaume de Pologne, surtout si cette reconstitution se faisait sous son patronage, et si on était en mesure de lui offrire des compensations en échange de l'abandon de la Gallicie. Or ces compensations ne sont pas impossibles à trouver. L'État roumain, tel qu'il est aujourd'hui constitué, n'est pas viable; il périra dans la première crise européenne; il périra, surtout, s'il associe sa fortune, comme il n'est que trop probable, à celle de la Russie et de la Prusse. Les populations moldo-valaques, consultées, ne demanderont pas mieux de trouver, sous le gouvernement autrichien, l'ordre, la sécurité et la liberté qui leur manquent sous leur gouvernement actuel. La Turquie sera trop heureuse de sacrifier sa suzeraineté fictive sur la Roumanie, pour voir l'Autriche se placer entre elle et la Russie et lui servir de barrière contre l'ambition du cabinet de Saint-Pétersbourg. L'Autriche enfin possédera ce qu'elle a toujours convoité : le cours du Danube jusqu'à son embouchure. C'est alors qu'elle sera véritablement l'Empire de l'Est, c'est alors qu'elle verra s'ouvrir pour elle un bien autre avenir que celui auquel elle a dû renoncer après Solférino et après Sadowa.

Si l'Autriche, comme tout permet de le croire, est disposée à prêter les mains à la reconstitution de la Pologne, la guerre devient relativement aisée. L'alliance de la Russie, loin d'être un appui pour la Prusse, devient un embarras et un danger pour toutes deux. On a vu ce que pouvaient faire les Polonais lorsqu'ils avaient à lutter à la fois contre trois adversaires, et lorsque la France ne pouvait ni leur porter secours, ni même les encourager. Que sera-ce donc lorsqu'ils n'auront plus en face que deux de leurs adversaires, le troisième étant devenu leur allié, et la France pouvant résolûment leur prêter son appui? L'insurrection polonaise, éclatant sur la frontière occidentale de la Russie et sur la frontière orientale de la Prusse, séparera les deux alliés l'un de l'autre, et occupera une partie considérable de leurs forces. La Prusse, d'un autre côté, aura peut-être à lutter contre une insurrection dans quelques-uns des pays annexés. En tout cas elle ne pourra compter ni sur la fidélité de ces pays, ni sur l'appui sincère de la Saxe. Dans de telles conditions le succès des armes combinées de la France et de l'Autriche ne serait pas seulement probable : il serait certain.

Nous n'avons pu qu'esquisser d'une manière générale le plan de réorganisation de l'Europe qu'on pourrait adopter après la victoire. Il est évident que ce plan serait modifié dans un grand nombre de détails, selon les vœux du suffrage universel et selon les incidents qui auraient pu se produire dans le cours de la guerre. Mais nous croyons qu'il serait maintenu dans ses parties essentielles, parce qu'il est conforme à la nature des choses et aux idées générales qui président à la politique du second empire. Nous ne prétendons pas que ce plan, une fois adopté et mis à exécution, rendrait les guerres à tout jamais impossibles. Ce serait trop espérer de l'humanité. Mais nous croyons pouvoir affirmer qu'une organisation de l'Europe conforme au vœu d s peuples et au principe des nationalités entendu dans son vrai sens, une organisation de l'Europe qui rétablirait la Pologne, qui rejetterait la Russie en arrière, qui donnerait à l'Autriche les bouches du Danube, qui protégerait l'empire turc contre les dangers dont il est menacé depuis un demi-siècle, qui reconstituerait l'Allemagne d'une manière plus conforme à ses tendances et à son génie, qu'une telle organisation, disons-nous, éloignerait pour longtemps les principales causes de guerre qui agitent en ce moment l'opinion publique et tiennent l'Europe tout entière en alarmes. Si la guerre devait avoir de tels résultats, il ne faudrait pas la regretter. Qu'on se reporte à la situation actuelle. Qu'on se rappelle comment l'Empereur l'a caractérisée. « Ce n'est, dit-il, ni la paix avec sa sécurité, ni la guerre avec ses chances heureuses. » L'état de choses que nous venons d'esquisser, ce serait au contraire, après la guerre avec ses chances heureuses, la paix avec sa sécurité.

www.ingramcontent.com/pod-product-compliance
Lightning Source LLC
LaVergne TN
LVHW012320050726
842524LV00004B/1519